Cuando te conocí mi corazón comenzó a palpitar más rápidamente, y es que tú eras ese gran amor que tanto añoraba.

Leli

Financier

Ingredientes

Mantequilla 85 gr
Azúcar Glass 120 gr
Harina 60 gr
Polvo para hornear 7 gr
Sal 3 gr
Claras 130 gr
Frambuesa 15 pz

Procedimiento

Primero, vamos a fundir la mantequilla a fuego bajo hasta obtener un color tostado; a esto vamos a llamar mantequilla **noisette**.

Retirar la mantequilla del fuego y reservar.

En un bowl vamos a tamizar la harina, polvo de almendra y polvo para hornear y reservamos.

Con ayuda de la batidora vamos a montar las claras hasta obtener punto de nieve poco a poco vamos agregar los secos.

Para terminar, vamos a vertir poco a poco la mantequilla.

Vamos a verter la mezcla en el molde y agregaremos una frambuesa al centro.

Hornear a 180° por 15 a 20 min.

Finacier

Mini Pepitoria

Sable breton

Harina 250 gr /MantequilLa 125 gr/Azúcar refinada 100 gr/Huevo 1 pz
Vaina de vainilla 1 pz

*El primer paso: con la ayuda de la batidora vamos a acremar la mantequilla con el azúcar.
*Vamos agregar los secos, ya que estén bien incorporados agregamos el huevo y la vaina de vainilla.
*Extendemos la masa a un centimetro y la cortamos en media luna la refrigeramos por 20 min.

Hornerar a 200° por 13 a 15 min.

Infusión de miel lavanda

Miel 100 ml/Lavanda 150 gr/Grenetina 10 gr

*Vamos a hidratar la grenetina con 30 ml de agua fría y reservamos.
*En un coludo vamos a vertir el agua y agregaremos la miel dejemos que hierva por unos minutos. Agregamos la grenetina.Vertiremos la mezcla en un recipiente teniendo en cuenta que la mezcla debe tener una altura de 1cm.

Dejamos reposar en refrigeracion por 25 min.

Pepita garapiñada

Azúcar 100 gr/Pepita 150 gr

En un coludo vamos a vertir el azúcar hasta que se derrita completamente; agregamos la pepita hasta que se incorpore perfectamente.

Crema Pastelera

Leche 500 ml/Azucar 150 gr/Yema 4 pz/Fécula de maíz 60 gr
Vainilla 1 pz

En un coludo vamos a vertir la leche y calentar a fuego medio.
En un bowl vamos agregar las yemas con el azúcar, fecula de maiz y batir con globo. Agregamos un poco de leche a la mezcla para temperar, posteriormente vamos a vertir la mezcla a la leche poco a poco hasta que espese.

Reservamos en un bowl y dejamos enfriar.

Merengue

Clara 100 gr/Azúcar 100gr/Azúcar glass 100 gr/Cremor tártaro 1 gr

Con ayuda de la batidora vamos a montar la clara.
En un coludo vamos a vertir el azúcar y vamos agregar agua hasta curbrir vamos a calentar afuego medio hasta obtener un caramelo de bola suave a 116°.
Verteremos el caramelo a la clara montada en forma de hilo; posteriormente agregamos el azúcar glass y el cremor en forma de lluvia y reservamos.

Diplomática

En un bowl agregamos la crema pastelera y de forma envolvente el merengue y vertimos en una manga.

Montaje
Ponemos una media luna de sable y cortaremos la infusión de lavanda en media luna y taparemos con la otra mitad de sable.

Con la la crema diplomática vamos hacer un duyado en forma de onda y decoraremos con pepita garapiñada y lavanda.

Loli Pop

Reducción de recaudo negro

Recaudo negro 100 gr
Piloncillo 30 gr
Agua 500 ml

En un coludo ponemos a hervir el agua, posteriormente agregamos el recaudo negro y el piloncillo. Dejamos reducir y reservamos.

Ganache de recaudo negro

Chocolate 100 gr
Crema para batir 50 gr
Mantequilla 25 gr

En un coludo agregamos la crema pra batir a fuego medio agregamos el chocolate y la reducción de recaudo negro e incorporamos la mantequilla dejamos reposar en teperatura ambiente por 20 min.

Llenamos una manga para mayor facilidad de manipulación, rellenamos el molde para cake pop.

Dejamos en congelación por 2hrs y desmoldamos.

Decoración

Fundir chocolate blanco en baño María y rayamos con chocolate oscuro, sumergimos la loli pop, al subirla se hace un medio círculo para poder realizar el dibujo en la loli pop.

Mini pepitoria y Loli pop

Tarta de durazno

Sable Breton

Harina 150 gr /Mantequilla 180 gr / Azúcar glass 50 gr /Polvo de almendra 50 gr / Polvo para hornear 5 gr / Huevo 1 pz

Con ayuda de la batidora acremamos la mantequilla con el azúcar glass hasta obtener el punto de pomada.
En un bowl agregamos harina, polvo de almendra y polvo para hornear; agregamos los secos a la primera preparación.
Ya que todos los ingredientes se incorporen, agregaremos el huevo.
Reservaremos la masa y dejamos reposar en refrigeracion por 25 min.
Estiramos las masa y en un aro de tarta formamos la base; dejamos reposar en refrigeracion por 15 min.

Hornear 200° por 15 min

Confit de Durazno

Durazno 250 gr /Agua 50 gr / Azúcar 70 gr / Pectina 7 gr /Azúcar 7 gr

Picaremos en cubos el durazno; reservaremos 150 gr de durazno.
En un bowl agregaremos el durazno, azúcar y agua, cubreimos la preparacion con egapack y la pondremos en baño María por 1 hr; posteriormente licuamos y colamos. Mezclamos la pectina y el azúcar, y agregamos de forma de lluvia a la primera preparación; reservamos y dejamos enfríar en temperatura ambiente. Agregamos el durazno que reservamos.

Crema Pastelera

Leche 500 ml / Azúcar 150 gr / Yema 4 pz /Fecula de maiz 60 gr / Vainilla 1 pz

En un coludo vamos a vertir la leche y calentar a fuego medio.
En un bowl vamos agregar las yemas con el azúcar y fécula; batir con globo. Agregamos un poco de leche a la mezcla para temperar. Posteriormente vamos a vertir la mezcla a la leche poco a poco hasta espesar.

Reservamos en un bowl y dejamos enfriar.

Durazno Roztizado

Cortamos el durazno por la mitad con mucho cuidado. Obteniendo las dos mitades, retiramos el corazón del durazno y harcemos cuatro cortes para obtener 4 gajos sin perder la forma del durazno.

Hornear a 90° por 25 min

Montaje

A la base de tarta agregamos un poco de confit de durazno. Posterior, rellenamos con la crema pastelera y alisamos; dejamos en refrigeración 20 min. Para terminar, montamos el durazno y con ayuda de una brocha pasaremos un poco de brillo neutro al durazno.

Tarta de durazno

Tarta de limon

Sable Breton

Harina 150 gr / Manttequilla 180 gr / Azúcar glass 50 gr / Polvo de almendra 50 gr / Polvo para hornear 50 gr / Huevo 1 pz

Con ayuda de la batidora acremamos la mantequilla con el azúcar glass hasta obtener el punto de pomada.
En un bowl agregamos harina, polvo de almendra y polvo para hornear. Agregamos los secos a la primera preparacion; ya que todos los ingredientes se incorporen agregaremos el huevo.
Reservamos la masa y dejamos reposar en refrigeración por 25 min.

Estiramos las masa y en un aro de tarta formamos la base dejamos reposar en refrigeracion por 15 min.

Merengue

Clara de huevo 100 gr/Azúcar 100gr/Azúcar glass 100 gr/Cremor tártaro 1 gr

Con ayuda de la batidora vamos a montar la clara.
En un coludo vamos a vertir el azúcar y vamos agregar agua hasta curbrir.
Vamos a calentar a fuego medio hasta obtener un caramelo de bola suave a 116°.
Vertemos el caramelo a la clara montada en forma de hilo con la batidora en velocidad alta.
Posteriormente, agregamos el azúcar glass y el cremor en forma de lluvia y reservamos en una manga con un duya plana.

Gel de limón

Jugo de limón 50 gr /Azúcar 70 gr / Pectina 7 gr / Azúcar 7 gr

En un coludo a fuego medio afregaremos el jugo limón con los 70 gr de azúcar hasta obtener un jarebe ya que tengamos el jarabe, mezclaremos la pectina y el azúcar; agregaremos de forma de lluvia reservamos y dejamos enfriar en temperatura ambiente.

Crema de Limón Eureka

Jugo de limón 100 ml / Crema para batir 150 ml / Yemas de huevo 200 gr
Azúcar 100 gr / Mantequilla 250 gr

Cortamos la mantequilla en cubos y dejamos en congelación por 20 min; reservamos. En un bowl grande agregamos las yemas con el azúcar y, con ayuda de un globo, batimos. Sin dejar de mover lo ponemos a fuego medio directo en la estufa. Sin dejar de batir poco a poco doblará su tamaño posteriormente vamos agregar el jugo de limón en forma de hilo hasta incorporar completamente. Para terminar, agregamos la crema para batir y retiramos del fuego.

Vertemos la mezcla en un contenedor y con ayuda de un mixer vamos a turbinarla con la mantequilla hasta incorporar perfectamente y reservamos.

Vertemos la mezcla en una manga y reservamos hasta utilizar.

Montaje

En nuestra base de tarta con ayuda de la manga ponemos la crema de limón y alisamos y dejamos en refrigeración por 10 min, posteriormente duyamos con el merengue al rededor dejando un espacio en el centro. Para terminar tenemos que rellenar el centro con nuestro gel de limón y un poco de rayadura
de limon.

Tarta de limon

Macarronada

Para nuestra receta ocuparemos 400 gr de Fambuesa fresca

Macaron

Almendra en polvo 150 gr
Azúcar glass 150 gr
Azúcar 150 gr
Agua 50 gr
Claras de huevo 150 gr
Colorante verde (opcional)

Mezclamos la almendra en polvo con el azúcar glass y reservamos.Calentamos el azúcar con el agua y lo cocemos hasta los 118°.Montamos las claras a punto de nieve y vertemos la mezcla de azucar y agua muy despacio, en forma de hilo, sin dejar de batir.Añadimos el merengue a la mezcla de almendra y azúcar glass que teníamos reservada y mezclamos bien hasta conseguir una pasta líquida y homogenea.Colocamos la mezcla en una manga pastelera y realizamos los macarons de 5 cm encima de un papel estrella o un silpat. Dejamos reposar hasta que al tocarlos no se nos pegue en el dedo; debe quedar una capa fina y seca.

Horneamos a 160° por 12 minutos.

Pistache garapiñado

Azúcar 100 gr/Pistache 150 gr

En un coludo vamos a vertir la azúcar hasta que se derrita completamente;
agregamos la pepita hasta que se incorpore perfectamente.

Confit de Frambuesa

Frambuesa 150 gr
Agua 50 gr
Azúcar 70 gr

En un bowl vertemos las frambuesas, el azucar y el agua; cubrimos con egapack cuidando que se cubra por completo posteriormente dejamos en baño María por 1 hr aproximadamente, hasta que tengamos uu concentrado. Licuamos, colamos y reservamos.

Crema Pastelera

Leche 500 ml/Azúcar 150 gr/Yema 4 pz/Fécula de maíz 60 gr/Vainilla 1 pz

En un coludo vamos a vertir la leche y calentar a fuego medio. En un bowl vamos agregar las yemas con el azúcar, fécula de maíz y batir con globo. Agregamos un poco de leche a la mezcla para temperar. Posteriormente vamos a vertir la mezcla a la leche poco a poco hasta que espese.

Reservamos en un bowl y dejamos enfriar.

Cremoso de frambuesa

Crema pastelera 300 gr
Confit frambuesa 50 gr
Crema para batir 150 gr

Con ayuda de la batidora montamos la crema para batir; poco a poco agreamos el confit de frambuesa, vertemos la mezcla en un bowl y de forma envolvente agregaremos poco a poco la crema pastelera ya que tengamos una mezcla homogenea. Reservamos en una manga.

Montaje

Ocupamos un base de macaron y ponemos al centro una frambuesa fresca con ayuda de la manga. Con nuestro cremoso cubriremos la frambuesa completamente. Posteriormente colocaremos frambuesas al rededor, para terminar colocamos pistache garapiñado y cubrimos con otro macaron.

Caramel Chocolat

Para esta receta ocuparemos blue berry fresca 450 gr

Breton de chocolate

Harina 150 gr
Mantequilla 180 gr
Azúcar glass 50 gr
Polvo de almendra 50 gr
Polvo para hornear 50 gr
Cocoa extra brut 30 gr
Huevo 1 pz

Con ayuda de la batidora acremamos la mantequilla con el azúcar glass hasta obtener el punto de pomada. En un bowl agregamos harina, polvo de almendra y polvo para hornear; agregamos los secos a la primera preparacion. Ya que todos los ingredientes se incorporen agregaremos el huevo.
Reservamos la masa y dejemos reposar en refrigeracion por 25 min.
Estiramos las masa y en un aro de tarta formamos la base; dejamos reposar en refrigeración por 15 min.

Hornear 200° por 15 min

Ganache de chocolate

Crema para batir 300 ml
Chocolate 150 gr
Mantequilla 50 gr

En un coludo vertemos la crema para batir, posteriormente agrgamos el chocolate hasta que se funda por completo. Retiramos del fuego, agregamos la mantequilla y reservamos.

Praline

Avellanas 200 gr
Azúcar 100 gr
Mantequilla 25 gr
Aceite de uva 100 ml

En un coludo verteremos el azúcar hasta obtener un caramelo cuidando que el azúcar no se queme; ya que tengamos un caramelo color dorado, vertemos las avellanas. Cuando se hayan caramelizad por completo, agregamos la mantequilla. Posteriormente, extedemos en un silpad y dejaremos enfriar a temperatura ambiente.Con licuadora poco a poco emepezaremos a tritutar agregando lentamente el aceite de uva hasta obtener una mezcla semi liquida. Reservamos.

Posteriormente lo colocamos en una maga.

Financier

Azúcar glass 120 gr
Polvo de almendra 60 gr
Harina 60 gr
Polvo para hornear 7 gr
Clara de huevo 130 gr
Mantequilla 85 gr
Cocoa 20 gr

El primer paso,vamos a fundir la mantequilla a fuego bajo hasta obtener un color tostado; a esto vamos a llamar mantequilla noisette.Retiramos la mantequilla del fuego y reservamos.En un bowl vamos a tamizar la harina,polvo de almendra y polvo para hornear y reservamos.Con ayuda de la batidora vamos a montar las claras hasta obtener punto de nieve. Después agregamos lentamente los secos.Para terminar vertemos despacio la mantequilla. Extendemos en un silpad con 1 cm de grosor, hornemaos y cortamos en circulos de 5 cm.

Hornear a 180° po 15 min

Salsa de caramelo

Azúcar 150 gr
Crema para batir 200 gr
Mantequilla 50 gr

Con ayuda de un sartén colocamos el azúcar hasta que se funda por completo sin que se queme. Posteriormente agregamos la crema para batir hasta que se incorporen; el proceso puede tardar unos minutos. Cuando esté lista la mezcla homogenea agregamos la mantequilla y reservamos.

Posteriormente lo colocamos en una maga.

Montaje

En una de nuestras bases de tarta ponemos un poco de praline, después utilizamos uno de nuestros circulos de finacie.Con nuestra salsa de caramelo ponemos una capa, después seguimos con el ganache de chocolate; con la ayuda de una espatula alisaremos. Para concluir colocaremos el blue berry sobre la parte superior.

Caramel Chocolat

Liam kim

Para esta receta ocuparemos Cereza negra 450 gr

Breton de té verde de matcha

Harina 150 gr
Mantequilla 180 gr
Azúcar glass 50 gr
Polvo de almendra 50 gr
Polvo para hornear 5 gr
Té verde de matcha 30 gr
Huevo 1 pz

Con la batidora acremamos la mantequilla con el azúcar glass hasta obtener el punto de pomada. En un bowl agregamos harina, polvo de almendra y polvo para hornear, agregamos los secos a la primera preparación. Ya que todos los ingredientes se incorporen, agregaremos el huevo.
Reservaremos la masa y dejaremos reposar en refrigeracion por 25 min.
Estiramos las masa y en un aro de tarta formamos la base. Dejamos reposar en refrigeracion por 15 min.

Hornear 200° por 15 min

Financier de limón Eureka

Azúcar glass 120 gr
Polvo de almendra 60 gr
Harina 60 gr
Polvo para hornear 7 gr
Clara de huevo 130 gr
Mantequilla 85 gr
Rayadura de limón 20 gr

Para el primer paso, vamos a fundir la mantequilla a fuego bajo hasta obtener un color tostado; a esto vamos a llamar mantequilla noisette. Retiramos la mantequilla del fuego y reservamos. En un bowl vamos a tamizar la harina, polvo de almendra y polvo para hornear y reservamos. Con ayuda de la batidora vamos a montar las claras hasta obtener punto de nieve poco a poco vamos agregar los secos. Para terminar vamos a vertir poco a poco la mantequilla ya rayadura de limón. Extendemos en un silpad con 1 cm de grosor horneamos y cortamos en circulos de 5 cm.

Hornear a 180° po 15 min

Ganache de chocolate semi amargo

Crema para batir 300 ml
Chocolate 150 gr
Mantequilla 50 gr

En un coludo vertemos la crema para batir. Posteriormente agregamos el chocolate hasta que se funda por completo. Retiramos del fuego, afregamos la mantequilla y reservamos.

Confit de limón

Jugo de limón 50 gr /Azúcar 70 gr / Pectina 7 gr / Azúcar 7 gr / 10 Supremas de limón

En un coludo, a fuego medio agregaremos el jugo limón con los 70 gr de azúcar hasta obtener un jarabe; una vez listo, lo mezclamos la pectina y el azúcar; luego, agregamos de forma de lluvia. Reservamos y refrigeramos por 25 min. Para terminar, agregamos las supremas de limón.

Montaje

En una de nuestras bases de tarta ponemos un poco de confit de limón, despues utilizamos uno de nuestros círculos de finacier y lo colocamos arriba del confit. Después seguimos con el ganache de chocolate. Con una espatula alisamos. Para concluir, colocamos cerezas sobre la parte superior.

Tarta frambuesa limon

Sable Breton

Harina 150 gr / Manttequilla 180 gr / Azúcar glass 50 gr / Polvo de almendra 50 gr / Polvo para hornear 50 gr / Huevo 1 pz

Con la batidora acremamos la mantequilla con el azúcar glass hasta obtener el punto de pomada. En un bowl agregamos harina, polvo de almendra y polvo para hornear, añadimos los secos a la primera preparación; una vez que todos los ingredientes se incorporen, agregamos el huevo.
Reservamos la masa y dejamos reposar en refrigeración por 25 min.
Estiramos las masa y en un aro de tarta formamos la base; dejamos reposar en refrigeración por 15 min.

Hornear a 200° po 15 min

Crema de Limón Eureka

Jugo de limón 100 ml / Crema para batir 150 ml / Yemas de huevo 200 gr
Azúcar 100 gr / Mantequilla 250 gr

Cortamos la mantequilla en cubos y dejamos en congelación por 20 min. Reservamos. En un bowl grande agregamos las yemas con el azúcar; con un globo batimos. Sin dejar de mover, lo ponemos a fuego medio directo en la estufa; continuamos batiendo hasta que poco a poco doble su tamaño. Posteriormente vamos agregar el jugo de limón en forma de hilo hasta incorporar completamente. Para termina,r agregamos la crema para batir y retiramos del fuego. Vertemos la mezcla en un contenedor y, con ayuda de un mixer, turbinamos la mezcla con la mantequilla hasta incorporar perfectamente. Reservamos.

Vertemos la mezcla en una manga y reservamos hasta utilizar

Confit de frambuesa
Frambuesa 150 gr/Agua 50 gr/Azúcar 70 gr

En un bolw vertemos las frambuesa, el azúcar y el agua. Cubrimos con egapack cuidando que se cubra por completo. Posteriormente, dejamos en baño María por 1 hr, aproximadamente hasta que tengamos un concentrado; licuamos, colamos y reservamos.

Financier de limón Eureka

Azúcar glass 120 gr
Polvo de almendra 60 gr
Harina 60 gr
Polvo para hornear 7 gr
Clara de huevo 130 gr
Mantequilla 85 gr
Rayadura de limon 20 gr

El primer paso consiste en fundir la mantequilla a fuego bajo hasta obtener un color tostado; a esto vamos a llamar mantequilla noisette.
Retiramos la mantequilla del fuego y reservamos. En un bowl vamos a tamizar la harina, el polvo de almendra y el polvo para hornear; luego reservamos. Con ayuda de la batidora, montamos las claras hasta obtener punto de nieve. Posteriormente agregamos los secos. Para terminar, vertemos poco a poco la mantequilla y la rayadura de limón. Extendemos en un silpad con 1 cm de grosor horneamos y cortamos en circulos de 5 cm.

Hornear a 180° po 15 min

Montaje

En una de nuestras bases de tarta ponemos un poco de confit de frambuesa, despues utilizamos uno de nuestros círculos de finacier y lo colocamos arrivb del confit. Despues seguimos con la crema de limón. Con una espatula alisamos. Para concluír, colocamos frambuesas sobre la parte superior.

Tarta de frambuesa